सविता भार्गव

सविता भार्गव का जन्म 5 दिसम्बर को प्राचीन नगरी विदिशा, मध्य प्रदेश में हुआ। उन्होंने हिन्दी साहित्य में डी.लिट. की उपाधि प्राप्त की है।

उनके तीन कविता संग्रह—'किसका है आसमान', 'अपने आकाश में', 'थमी हुई बारिश में दोपहर' और एक आलोचनात्मक पुस्तक 'कवियों के कवि शमशेर' प्रकाशित हैं।

वे थिएटर और सिनेमा के क्षेत्र में भी सक्रिय रही हैं। कई हिन्दी फ़िल्मों और सीरीज़ में उन्होंने अभिनय किया है।

सम्प्रति : शासकीय महारानी लक्ष्मीबाई महाविद्यालय, भोपाल के हिन्दी विभाग में प्राध्यापक और विभागाध्यक्ष।

ई-मेल : savitabhargav40@gmail.com

थमी हुई बारिश में दोपहर

सविता भार्गव

राजकमल पेपरबैक्स

राजकमल पेपरबैक्स में
पहला संस्करण : 2023

राजकमल पेपरबैक्स : उत्कृष्ट साहित्य के जनसुलभ संस्करण

राजकमल प्रकाशन प्रा. लि.
1-बी, नेताजी सुभाष मार्ग, दरियागंज
नई दिल्ली-110 002
द्वारा प्रकाशित

शाखाएँ : अशोक राजपथ, साइंस कॉलेज के सामने, पटना-800 006
पहली मंज़िल, दरबारी बिल्डिंग, महात्मा गांधी मार्ग, प्रयागराज-211 001
1, अनमोल सोराबजी संतुक लेन, धोबी तलाव, मरीन लाइंस, मुम्बई-400 002
वेबसाइट : www.rajkamalprakashan.com
ई-मेल : info@rajkamalprakashan.com

विकास कम्प्यूटर एंड प्रिंटर्स
ट्रॉनिका सिटी-201 102
द्वारा मुद्रित

मूल्य : ₹199

THAMI HUI BARISH MEIN DOPHAR
Poems by Savita Bhargav

ISBN : 978-81-19835-57-7

अयन, अमन और प्रियंका के लिए

क्रम

तो कविता लिखूँ

बारिश हो
अगर रात भर
तो कविता लिखूँ

प्लास्टिक की चिड़िया
अगर फुदक पड़े
तो कविता लिखूँ

अजनबियों के बीच
अगर कोई प्यारा लगे
तो कविता लिखूँ

भाषा अपनी सीधी सपाट
अगर ढल जाए मौन में
तो कविता लिखूँ।

दाम्पत्य और कविता

कविताएँ मेरे पास आएँ
उसके पहले मैं रसोई तक पहुँच गई होऊँगी
बिस्तर झाड़ते
सँवारते घर
इतनी सहज साधारण दिख रही होऊँगी
कि शब्द उछलकर अलमारी की किताबों में
दुबक गए होंगे

मानती हूँ शब्द का जीवन से रिश्ता है
लेकिन शब्द मानते नहीं
उनकी एक ही रट है
एकान्त में दुबको
या उड़ो
उन्हें नहीं चाहिए मेरा
सुकून

उदासी चाहिए लेकिन नहीं चाहिए
ओढ़ी हुई उदासी

जीवन जो पहचान में आए नया
उसी में देखते हैं शब्द
अपनी पहचान

अब आप बताएँ
दाम्पत्य सँवारूँ
कि कविता करूँ।

आओ

कल्पना करती हूँ
जीवन के इस परिच्छेद में
नए प्रेमी का
और एक कथानक रच डालती हूँ
जिसमें सारे दृश्य फ़्लैशबैक के हैं

तुम कल्पना करो
मैं तुम्हारी नई प्रेमिका हूँ
और रच डालो
शमशान तक पहुँचने के
सारे दृश्य

अतीत और भविष्य के
इस मिलन बिन्दु पर
आओ
थोड़ा जी लें।

धूप के बिम्ब में

दीवार से टकराकर धूप का बिम्ब
मेरे चेहरे पर पड़ रहा है

जितनी दबी-छुपी चीज़ें थीं
मन के भीतर
भाव बनकर चेहरे पर
खिल रही हैं

सिर हिलाकर
ज़रा-सा अपने को झटकती हूँ
गिर पड़ता है वह शून्य
जो मेरा मुखौटा बन गया था

धूप के बिम्ब में
सनसना कर उग रहे हैं
मेरे स्वप्न-बीज

ऊपर उठ रही हूँ
तुम्हारे बेवक़ूफ़ी भरे सवालों से।

अनोखी कलाकृति

खिड़की के पास मैं खड़ी होती हूँ
पेड़ के पत्तों से छनकर आती हुई चाँदनी
मेरी खुली बाँह पर भरने लगी रंग
प्रकट हुई हो जैसे अभी-अभी
मेरी बाँहें—
अनोखी कलाकृति।

आज की रात

आज की रात

मेरे होंठ की फाँक जैसा
टेढ़ा चाँद
मेरी आँखों की जोत जैसे
तारे टिम-टिम

आओ
दरवाज़ा खटखटाओ
फुर्र न हो जाएँ
आज की रात के
स्वप्निल पर।

विछोह

उसने अपना काला सूटकेस उठाया
और चला गया

मुझे विश्वास नहीं हुआ
मैं रात आने का इन्तज़ार करती रही
मैं रात में उसके आने का इन्तज़ार करती रही

मैं खिड़की के सामने खड़ी
देखती रही
आसमान चन्द्रहीन था
आकाश था
उसके काले सूटकेस जैसा।

जाड़ा रात और झील

वी.आई.पी. रोड की गाड़ियों की लाइट के
लम्बे बिम्ब बनते हैं
जैसे वे हाथ हों
और लेना चाहते हों झील को
अपने घेरे में
झील दिखती है
ज़रा ठोस
जिसमें थोड़ी चमक और
लोच

पता नहीं कब
झील खड़ी हो जाए
युवती बनकर
और किसी आवारा सैलानी के रास्ते में
डाल दे बाँह

हो रही है मुझे ईर्ष्या
झील से।

आत्मा की कसौटी पर

प्रत्येक क्षण
साँस लेते हुए
हवा की होती हूँ
शुक्रगुज़ार
फूल को देखकर
हो जाती हूँ फूल
एकान्त में
सुन्दर चिड़िया की तरह
उड़ने लगती हूँ
अपने लोगों से मिलकर
ख़ुश होती हूँ

जिस समय
जिस क्षण
खाई मैं धोखा
झाड़ दिया उसे
मैल समझ कर

मेरे पास देह थी
दिमाग़ था
मगर जिया मैंने
आत्मा की कसौटी पर।

बिल्ली

दरवाज़े के बाहर बैठकर
जब तक खोलो नहीं कपाट
म्याऊँ-म्याऊँ करती रहती है
कटोरी में दूध उसके सामने रखती हूँ
पीते हुए ज़रा भी चपर-चपर नहीं करती
परोसती हूँ जिस दिन मछली का टुकड़ा
मन में वह वाह-वाह करती है
पेट की ख़िदमत करने के बाद
वह चुपचाप पेड़ के नीचे बिखरी पत्तियों पर बैठकर
धूप सेंकने लगती है
और अपनी देह को ऐसी आकृति देती है
जैसे वह पृथ्वी की रीढ़ हो।

रात में वह ज़रूर डरावनी लगती है
आँखें उसकी ऐसी चमकती हैं

अँधेरे में, भर जाती है देह में झुरझुरी
उसकी पदचाप याद दिलाती हैं
पुरानी भुतहा फ़िल्में
चाँद की रोशनी में उसकी रेंगती हुई छाया में
प्रेत का भ्रम होता है।

पता नहीं क्यों सुबह जब वह दरवाज़े पर बैठ जाती है
भुला देती हूँ उसका डरावना रूप
और पुचकारती हूँ उसे
मन में हो जैसे ख़ास जगह
अचरज होता है कैसे सँभाले हैं
उसने अपने दो रूप

दो रूपों की वो अनूठी मिसाल है
पालतू बनने के लिए रहती है व्यग्र
लेकिन समझती है अपने को मालकिन
उसकी ये बात
स्त्रियों से बहुत मिलती-जुलती है
इसलिए शायद
पाई जाती है घरों के आसपास।

प्रकृति के नियम हर जगह होते नहीं लागू

सूरज दूर है
और जलाता है
सूरज और दूर है
मद्धिम धूप में गुनगुनाता है

चाँद दूर है
फैल जाता है आँखों की पुतली में
तुम्हारी याद में
पागल बना देता है

तारे दूर हैं
असंख्य आँखें हैं रात की
जिनसे मैं तुम्हें देखती हूँ
और झिलमिल हो जाती हूँ

दूर तो समुद्र भी है
मेरे से
लेकिन मूँद कर आँखें
मैं उसमें डुबकी लगा लेती हूँ

तुम दूर हो
मेरे सूरज मेरे चाँद मेरे तारे मेरे समुद्र
यह अच्छा नहीं है प्रिये
प्रकृति के नियम हर जगह होते नहीं लागू।*

---

* ब्रेख़्त की एक पंक्ति से प्रेरित।

चैत

राह पुरानी थी
वही थे पेड़ पुराने मकानों के आसपास
लेकिन धूप थी ख़ूब चटक
जैसे सोने और चाँदी का उसमें
ख़ूबसूरत मिश्रण था
और जिसमें पेड़ों की टहनियाँ
ज़्यादा ही छरहरी लग रही थीं

छरहरी टहनियों में मैं खो गई
जैसे मैं यौवन में खो गई
प्यार के स्वाद में खो गई

ओ मेरे पुराने दिन!
पुलकित कर देने वाले पल
जीवन के नियमहीन नियम

चटक धूप में छरहरी टहनियों के
कितने पास तुम!

अप्रैल

धूप का ढेर लगना शुरू हो गया है
कहीं भी खड़े हो जाओ
धूप जिस चीज़ पर गिरती है
उसकी परछाईं तुम पर गिरेगी
धूप के सागर में जैसे
परछाईं का छोटा जहाज
जिधर देखो
उधर

मेरी आँखों के ऊपर मेरी पलकें
जैसे पाल बन गई हों
और मैं छोटी-सी नाव
अपने जीवन की तमाम लहरों को
पार कर रही हूँ

मैं घिर गई हूँ धूप तूफ़ान में
और कितना समय लगेगा
मुझे पिघलने और
ढलक जाने में

और कितना समय लगेगा
सूर्य जैसा प्रेमी पाने में।

बादल

वे सागर से उठते हैं
लहरों की बेचैनी को अपने माथे पर लेकर
आगे बढ़ते हैं

वे छलक जाते हैं
दूध की तरह
पहाड़ों पर
और नदियों की धारा बनकर
उतरते हैं

नदियाँ जो पृथ्वी की नसें हैं
उन्हें वापस कर देती हैं
सागर को

ख़रबों साल से चल रही है यह यात्रा

तो भी वे कभी पुराने नहीं पड़ते
क्योंकि वही हैं जो सौंपते हैं
सागर को पृथ्वी का नमक।

मैं जब लिख रही हूँ

मैं जब लिख रही हूँ
चिड़िया तिनका उठा रही है
प्रेमी जोड़े सो कर उठे हैं
बच्चा रो रहा है
एफ.एम. रेडियो पर गाना बज रहा है

मैं जब लिख रही हूँ
नल से पानी टपक रहा है
रसोई से आवाज़ आ रही है
कोई खड़ा हो गया है मेरे दरवाज़े के सामने
बिल्ली म्याऊँ-म्याऊँ कर रही है

मैं जब लिख रही हूँ
एक स्त्री पति के चरणों में जीवन काट रही है
एक पुजारी घंटा हिला रहा है

एक जुलूस मेरी खिड़की के सामने से गुज़र रहा है

सचमुच में क्या हो रहा है तुम जानो
मैं जब लिख रही हूँ मैं जानती हूँ
उसमें यही सब हो रहा है।

नदियों का गीत

नदियाँ बहुत सुन्दर गाती हैं
बारिश के मौसम में
और मौसम ने ज़्यादा क़हर नहीं ढाया हो
तो थोड़ा ज़ोर से गाती हैं
और बहुत सुन्दर भी

कोई गाँव नहीं
जहाँ नदियों का गीत प्रसिद्ध न हो
चाहे वहाँ से नदी बहुत दूर हो
कोई भी कंठ नहीं
जिसमें नदियों का गीत नहीं बसा हो
क्योंकि कंठ होते ही हैं नदियों के प्रवाह से बने हुए

नदियाँ प्रवाहित होते हुए
अपना रास्ता ख़ुद बनाती हैं

और जितनी भी चीज़ें आती हैं उसके रास्ते पर
सबको अपने कंठ में बसा लेती हैं

नदियाँ नहीं होतीं
तो संसार होता बेसुरा।

थमी हुई बारिश में दोपहर

धुँधला-धुँधला दिन
खिड़कियों के शीशों पर पानी की बूँदें
जहाँ तक देखो वहाँ तक सब गीला
आकाश जैसे एक काग़ज़ का टुकड़ा
बस उस पर कलम चलाने की देर है

थमी हुई बारिश में दोपहर
खरगोश की पीठ की तरह है
जिस पर मन ही मन फेरती हूँ उँगलियाँ

प्यार मेरा एकमात्र सहारा है
यह मौसम जिसके अनुकूल है
हरियाली से सुवासित

मौसम यह
सबसे सुन्दर प्रेम-पत्र है।

समय : एक

मेरे बोलने और चुप रहने दोनों से
समय का गहरा रिश्ता है

मैं जब बोलती हूँ
समय मुझे चुप रहने का इशारा करता है
मैं कसमसाने लगती हूँ
लेकिन भीतर से डर भी लगता है
कहीं समय मुझे चीर कर न रख दे
हालाँकि देखने से लगता है वह
बहुत शान्त

मैं जब चुप रहती हूँ
दिखाई पड़ता है मुझे पूरा समय
धू-धू करके जलता हुआ
उसका हाहाकार ईश्वर के कानों तक पहुँच रहा है

चाहती हूँ कि चुप करा दूँ उसे
लेकिन सोचकर रुक जाती हूँ
इससे उसकी गति न रुक जाए

समय मुझे बोलने नहीं देता
मैं चुप रहकर समय को
चीख़ में बदल देती हूँ।

समय : दो

घर से नहीं निकलो तो
समय पर ध्यान जाता नहीं
और घर से निकल रहे हो तो
हड़बड़ी हो जाती है समय पर पहुँचने की

घर लौटो तो
समय सबसे पहले बैठता है
बिस्तर पर

समय को ज़रा भी ज़्यादा आराम दिया
तो ख़ुद को नींद आने लगती है
ऐसे में समय के लिए ज़रूरी काम होता है
याद दिलाए कि कुछ तो खा-पी लो

अगर बिना खाए-पिए सोए तो
समय अपने को नष्ट समझता है।

यादों में डूब कर

याद करती हूँ
अपने बचपन को कितनी-कितनी बार
और उसमें खेलती रहती हूँ

याद करती हूँ
अपना पुराना घर
और अपने को युवा अनुभव करती हूँ

करती हूँ याद
अपने छोटे-से कस्बे को
इच्छा होती है नए सिरे से प्रेम करने की

यादों में डूब कर
कितनी-कितनी बार देखती रही
सूने आसमान की तरफ़।

ओ समय!

बादल छाए हुए हैं
पेड़ों के पत्ते हरियाली के बोझ से दबे हुए हैं
धरती मुलायम है
प्रेमी हृदय की तरह

यह किसी को याद करने के लिए माक़ूल समय है
यह प्यार के ख़यालों में मशग़ूल रहने का समय है
अपने होने का मतलब समझने के लिए
इससे अच्छा कोई समय हो ही नहीं सकता

ओ समय!
समुद्र से भी गहरा समय
सिमट सको तो सिमट जाओ
बच्चे की छोटी गेंद में
हथेलियों में थामती रहूँ मैं
उछाल-उछाल कर।

अविराम घूमती पृथ्वी की तरह

एक शब्द
स्त्री की तरह सुन्दर
एक वाक्यांश
पुरुष की तरह स्त्री के आगे थोड़ा झुक कर खड़ा
एक पूरा वाक्य
आधी स्त्री और आधे पुरुष के योग से बना।

एक शब्द
स्त्री की व्यथा की तरह
एक वाक्यांश
पुरुष की समरगाथा की तरह
एक पूरा वाक्य
अविराम घूमती पृथ्वी की तरह।

सब का सब नया होगा

मैं परेशान होती हूँ
उन सभी चीज़ों से जो मैंने आँखों में ठूँस-ठूँस कर भरी हों

बहुत परेशान होती हूँ घड़ी से जो मेरे दिमाग़ में
टिक्-टिक् करती रहती है

परेशान होती हूँ अपनी इस क़लम से
जो बार-बार मेरी तर्जनी से फिसल जाती है

तय चीज़ें मुझे परेशान करती हैं
घूम रहीं फिसल रहीं चीज़ें मुझे परेशान करती हैं

मुझे कितना इन्तज़ार करना पड़ेगा उसका
जो पहले कभी नहीं था
और आगे कभी नहीं रहेगा

आप कहेंगे वक़्त कहेगा
मैं कहती हूँ मेरी क़लम को फिसलने से बचाओ
सब का सब नया होगा!

भूलने नाम की क्रिया

याद है पचमढ़ी की वो शाम
उसे हम कैसे भूल सकते हैं
ताजमहल को भूला जा सकता है
चीन की दीवार को ज़ेहन से बाहर किया जा सकता है
चैन की नींद सोया जा सकता है
जैसे मिस्त्र के पिरामिड की ममियाँ सोती हैं
लेकिन पचमढ़ी की शाम को
कैसे भूला जा सकता है
उसके बग़ैर तो साथ-साथ
हम यहाँ, इस आज तक आ ही नहीं सकते थे
बीच-बीच में और भी चीज़ें हैं
जो बहुत ज़रूरी हैं और उन्हें नहीं भूला जा सकता
लेकिन क्या पता हम आमने-सामने हैं
और एक-दूसरे को भूल रहे हों

क्या भूलने का नहीं है
दिल से गहरा रिश्ता
रखने की ज़रूरत है इसे याद
तभी हम आपस में भूल सकते हैं
भूलने नाम की क्रिया को।

ताकि मैं लिख सकूँ

आज कौन-सा दिन है
बिना याद किए मैंने दिन के बारे में कुछ लिख दिया
एक दिन में पता नहीं कब-कब लगता है
यह कौन-सा दिन है
कोई छुट्टी वाले दिन की बात और है
और छुट्टियाँ होती ही इसलिए हैं
कि तुम दिन को जानते
हालाँकि कई छुट्टियाँ क्यों होती हैं
यह मालूम नहीं पड़ता

इसी तरह आज कौन-सा दिन है
बिना मालूम किए मैंने
इस दिन के बारे में कुछ लिख दिया

यदि तुम चाहते हो

याद करके लिखूँ
मालूम करूँ लिखने से पहले
तो करो मेरे लिए कुछ
आगे बढ़ो मेरी हत्या के लिए
या हो जाओ मरने के लिए मुझ पर तैयार

ताकि मैं लिख सकूँ
आज कौन-सा दिन है।

मेरी माँ : एक

मेरी माँ लगभग नब्बे साल की है
और लगभग गुड़िया

गुड़िया है मेरी माँ
इसमें मैंने कोई कसर नहीं छोड़ी है

आई माँ थोड़े दिनों मेरे घर रहने
और मैंने पहनाने शुरू कर दिए अपने कपड़े
प्लाजो-टीशर्ट सलवार-कुर्ती
लम्बे-लम्बे गाउन स्वेटर

जब भी मैं पहनाती हूँ माँ को
अपने अलग-अलग ढँग के कपड़े
सोचती हूँ माँ, माँ नहीं मैं हूँ
माँ जिस तरह हँसती है पहनकर मेरे कपड़े

शायद उसके मन में भी यही विचार आता हो

शायद सोचती हो
मेरे बुढ़िया रूप के बारे में
क्यों हँस लेने के बाद
थम जाती है शिलामूर्ति जैसी

शिलामूर्ति जैसी मेरी माँ
मेरे पहनाए कपड़ों से नहीं
अपने आप में ईश्वर की शाश्वत कला है।

मेरी माँ : दो

मेरी माँ कंघी कर रही है
बाल कम बचे हैं
बालों से ज़्यादा तो चेहरे पर झुर्रियाँ हैं
हाथ में कंघी काँप रही है
मुझ पर जब नज़र पड़ती है उसकी
कंघी गिर जाती है हाथ से
मैं कंघी को झुककर उठाती हूँ
और एक ऐसे क्षण में चली जाती हूँ
जिसमें माँ युवती दिखाई पड़ती है।

माँ वापस जा रही है

माँ कुछ दिनों तक रही
अब वापस जा रही है
मेरे घर का एक छोटा-सा कोना
ख़ाली हो जाएगा
फिर भी बनी रहेगी कुछ दिनों तक
माँ की गंध

कुछ दिनों तक अकेले खाना खाने की
मन में भरी रहेगी टीस
कुछ दिनों तक शायद पानी भी अच्छा न लगे
'माँ' शब्द के उच्चारण से
मन में कसक पैदा होने लगी है

माँ वापस जा रही है
और मेरे भीतर कुहरा बैठ रहा है

होंठ काँप रहे हैं

माँ तो कभी वापस आ जाएगी
या मैं ही चली जाऊँगी उसके पास
लेकिन अभी तो जा रही है माँ वापस
कैसे बन्द करूँगी मैं अपना किवाड़।

माँ के बारे में सोचते हुए

माँ के बारे में सोचते हुए
कई चीज़ों के बारे में सोचती हूँ

सबसे पहले पानी के बारे में सोचती हूँ

कितना पुराना है पानी
और कितना रहस्यमयी
माँ की छल-छल आँखों की तरह

फिर सोचती हूँ जंगल की लकड़ी के बारे में

कितनी प्राकृतिक और सहज है
जंगल की लकड़ी
इसे माँ की काया में देखा जा सकता है

और सोचती हूँ पत्थर के बारे में
जो अनूठी मूर्ति में तब्दील हो सकता है
जैसे कि माँ हो गई है

माँ के बारे में सोचते हुए
पूरी पृथ्वी के बारे में सोचती हूँ।

मेरे बारे में क्या ख़याल है

जो क्रान्तिकारी हैं
जेल जाते हैं
अच्छी कविताएँ लिखते हैं

जो भूखे हैं
दो वक़्त मुश्किल से खाते हैं
अच्छी कविताएँ लिखते हैं

मैं क्रान्तिकारी नहीं हूँ
मैं औरत हूँ
मैं भूखी नहीं हूँ
मैं औरत हूँ
और लिख सकती हूँ कविताएँ।

स्त्री की आत्मा

ख़ाली गिलासों के बीच
भरी हुई बोतल हूँ

ख़ाली की जाऊँगी
और गिलास टकराएँगे
और कितना अनोखा होगा
जितना ख़ाली की जाऊँगी
उतना भरती भी रहूँगी

भरती जाऊँगी
जैसे ओस से घास के तिनके भरते हैं
और जैसे भरती है ज़मीन
हहा कर बरसती बारिश से

दोस्तो! गिलास भरकर हो जाएँगे ख़ाली

लेकिन तुम स्त्री को नहीं जानते
वह ऐसी-वैसी बोतल नहीं
जो किसी की मर्ज़ी से हो जाए ख़ाली

मैं स्त्री हूँ
और स्त्री-देह उसका हृदय
और आत्मा रहती है हमेशा
लबालब।

आत्म-शक्ति

माँ मेरे घर रह रही है

भाई जब उसे ले जाने आएँगे
मैं उसे सौंप दूँगी
पूरी की पूरी माँ दे दूँगी
उसकी मांस-हड्डियाँ
पूरा शरीर
और उसके मन में बैठी इच्छा को

उसके दुलार और प्रेम को
मन से निकाल दूँगी
उसके सन्तुलित जीवन की माँग यही है
बेटों के घर रहे
पोते-पोतियों में रमे
पूरे घर में हो-हल्ला पसरा देखे

बेटे के घर लौटने पर उसका हाल पूछे

माँ के जीवन की जो माँग है
उसने मुझे आत्मशक्ति दी है
और यह ऐसी चीज़ है
जिसने मुझे दूसरी दुनिया में घुसने का मौक़ा दिया है।

इसी रास्ते

मुझे थोड़ा चाहिए
लेकिन हर चीज़ में चाहिए थोड़ा
बहुत से लोग बहुत लम्बी ज़िन्दगी चाहते हैं
मुझे जितनी है ज़िन्दगी उसमें थोड़ी और चाहिए
थोड़ी यानी लम्बी नहीं जैसी है उसमें थोड़ी-सी ज़्यादा अपनी
बहुत से लोग सिर्फ़ जीवित रहते हैं और चाहते हैं रहना
मैं तो जीवित काया में मृत्यु का भी अनुभव करना चाहती हूँ

मैं सतह के नीचे धँसना चाहती हूँ
और सतह से उठना भी चाहती हूँ
जो-जो दुर्भाग्य मैंने नहीं झेले सब झेलना चाहती हूँ
इसी रास्ते सौभाग्यशाली स्त्री होना चाहती हूँ
इतनी सौभाग्यशाली फुदकती चिड़िया
के लिए भी ईर्ष्या का विषय बनूँ।

मेरा घर

अपने घर में काम करती हूँ
जो केवल घरेलू काम नहीं है
कल कारखाने जैसा काम है
खेत-खलिहान जैसा काम है

घर से बाहर बाज़ार में
घर का काम करती हूँ
घर से दूर दूसरे शहर में
अपने घर के कामों को याद करती हूँ

मैं अपने घर की मज़दूर हूँ
किसान हूँ सफाईकर्मी हूँ
रहती घर में ज़रूर हूँ
लेकिन उसे हथेली पर रखती हूँ

मेरा घर
केवल सीली दीवारें नहीं हैं
मैं उसे सिरहाने रखकर सोती हूँ
जैसे वह तुंग श्रृंग हिमालय हो।

समझे!

उसके पास थी थोड़ी-सी ज़मीन
मेरे पास थोड़ा-सा आकाश था
हवा ने हम दोनों का साथ देने का वचन दिया
पानी के लिए थोड़ी मेहनत ज़रूर करनी पड़ी
लेकिन वह भी हमें मिल गया
बच गया था समय
जिसे क़ाबू में करना था
लेकिन वह था कि बार-बार हमारी पहुँच से
थोड़ा आगे खिसक जाता
उसका क्या किया जाए?

सूरज और चाँद दोनों से इस बारे में पूछा
और वे थे कि सुनते-सुनते आगे बढ़ जाते
शायद वे किसी दिक़्क़त से बचना चाहते थे

शायद दिक़्क़त हमारे साथ भी थी
होना चाहिए था उसके पास आकाश
और मेरे पास ज़मीन
और यह क्रम बार-बार बदलना चाहिए था
तभी फँसता समय हमारे फंदे
समझे!

पुरुष से मिलना

पहली बार मैं पुरुष से मिली थी
सकुचाती, बचाती हुई भरसक नज़र
काँपती और थोड़ी हकलाती
तो मैंने सोचा था
मैं प्रेमिका हूँ

दोबारा मिलना हुआ पुरुष से
थोड़ा खुलकर थोड़ा हँसकर
बतियाते हुए उससे नाप-तौल कर
तो मैंने सोचा था
क़ाबू में कर सकती हूँ उसे

बार-बार मिलना हुआ पुरुष से
मैं सोच में पड़ गयी
किस बात से हूँ अनजान

किस आशा के बल पर मिलती हूँ
जबकि पुरुष नाम का प्राणी डरता है
भीतर से, मुझसे मिलने से।

कैसी औरत हूँ

एक आ गया था
एक का फ़ोन आ गया कि आने वाला है
पहले को मैंने कहा वह आने वाला है
जवाब था आने दो

मैं जानती थी
दोनों लड़ेंगे
वही हुआ
दूसरा कुछ बड़बड़ाते हुए
चला गया
उसके चले जाने के बाद
पहले ने सर पकड़कर कहा—
कैसा आदमी है!

कुछ देर बाद

दूसरे का फ़ोन आया—
कैसा आदमी है!

मैं समझ गई
दोनों के कहने का था मतलब
तुम कैसी औरत हो!

हम अकेले कभी नहीं मिले

तुमसे पहली बार मिली थी
जो माँ ने भाई को साथ लगा दिया था
वह टुकुर-टुकुर देखता ही रहा हम दोनों को
और हम लजाते रहे

दूसरी, तीसरी मुलाक़ातों में
भाई तो वहाँ नहीं था
लेकिन चिड़ियों के झुंड
इस तरह चहचहा रहे थे
जैसे हमारी चोरी पकड़ी गई हो

एक मुलाक़ात तो विलक्षण थी
हम जब भी बात करने की कोशिश करते
घर की बिल्ली म्याऊँ कर देती
और हम हकला कर रह जाते

आज भी जब तुमसे मिलती हूँ
भले पास कोई नहीं हो
मन के कोने में कोई तीसरा बैठा रहता है
हस्तक्षेप करता हुआ हमारे पास होने के बीच

हम अकेले कभी नहीं मिले।

जब दोनों मैदान मिल जाते हैं

तुम्हारे मैदान में
काग़ज़-पत्तर
बड़े-बड़े आँकड़े और
हिसाब-किताब

मेरे मैदान के बीच से
निकलती हुई नदी
चाँद-तारे और
थोड़ा-सा कुहासा

जब दोनों मैदान मिल जाते हैं
तो सागर तट पर बन जाता है एक घर
और रखने लगती हूँ मैं
हिसाब-किताब।

कितने उस्ताद हैं ये दोनों

सामने की छत पर खड़ी स्त्री मुझे देखती है
इस बात का इज़हार भी कर देती है
कि मुझे वह देख रही है
मेरे पास बैठे पुरुष को भी वह देखती है
और पूरा देखती है
लेकिन न देखने का फ़ुल ड्रामा करती है
मेरे पास बैठा पुरुष आनन्द लेता है इस बात का

कितने उस्ताद हैं ये दोनों
अपने-अपने मूक अभिनय में!

भारी

प्रेम के भीतर और प्रेम
और प्रेम के भीतर भी और प्रेम

स्वप्न के भीतर और स्वप्न
और स्वप्न के भीतर भी और स्वप्न

नदी की तरह प्रेम
बारिश की तरह प्रेम
समुद्र की लहर की तरह...

स्वप्न चाँद की तरह
सबसे अधिक चमकीले तारे की तरह
बादलों को भुजाओं में बाँध लेने की तरह...

लेकिन यथार्थ की मामूली चिंगारी
सब पर पड़ती है भारी।

अनुभव

सिनेमा का सीन करते हुए
थोड़ी-सी झिझक से
कैमरे के सामने खड़ी होती हूँ
क्योंकि कैमरा पूरा समाज है
और मैं अकेली स्त्री हूँ

पसीना पोंछते
और मेकअप धोते हुए
मैं शामिल हो जाती हूँ
समाज में।

उम्र

दिमाग़ पर उसका असर पहले से शुरू हो जाता है
लेकिन हम महसूस करते हैं उसे सबसे पहले
आँखों में घटती हुई रोशनी से
फिर सिलसिला चल पड़ता है
उसे महसूस करने का
चेहरे पर पड़ रही झुर्रियों के रूप में
पक रहे बालों के रूप में
और सबसे अधिक तब महसूस करते हैं
एक अच्छी-खासी उमर का व्यक्ति
आंटी कहकर पुकारता है

दिमाग़ पर उसका असर शुरू हो जाता है
लेकिन दिल नहीं मानता है
रचते हैं हम स्वाँग तरह-तरह के
फ़ैशन के हिसाब से थोड़ा आगे बढ़कर

करते हैं अपने लिए कपड़ों का चुनाव
कॉस्मेटिक का लेपन अधिक बढ़ा देते हैं
नियम से रँगते हैं बाल
और चलने के अन्दाज़ में करते हैं
चुस्ती का प्रदर्शन

हालाँकि हम जानते हैं
उम्र को झुठलाने का काम अच्छा नहीं होता

हम कई बार वह कर बैठते हैं
जो उस उम्र में नहीं करना चाहिए था
खाते कुछ हिसाब से अधिक हैं
जिसका असर दिल पर पड़ता है
सोचने के काम में देरी लगाते हैं
और भूल जाते हैं
यह दार्शनिक सत्य—
हम सोचते हैं, इसलिए
ज़िन्दा हैं!

पोस्टर

बचपन में
दीवारों पर सिनेमा के पोस्टर देखती थी
परिवार में चलन नहीं था
लड़कियाँ सिनेमा देखें
मैं बस पोस्टर देखती थी

सिनेमा के पोस्टर देखती
बड़ी हो रही लड़की में
एक नैसर्गिक अभिनय कला का
विकास देखा जा सकता था
उस वक़्त ख़ास करके
जब मैं साइकिल चला रही होती थी
पीठ पर किताबों का बस्ता लादे
चुभती निगाहों से पीछा छुड़ाने के लिए
जब मैं ज़ोर से दबाती थी पैडिल पर पाँव

आँखों के आगे
पोस्टर वाला हीरो खड़ा हो जाता था

आज जब किसी क़स्बे की पुरानी दीवारों पर
देखती हूँ सिनेमा के पोस्टर
अपनी 'किशोरी' को
याद ज़रूर करती हूँ।

चीज़ों को देखना

मैंने घड़ी देखी
घड़ी में देखने वाली चीज़ सुई थी
सुई में अटका हुआ समय था
और उस समय में एक निर्धारित जगह पर
मेरे उपस्थित होने का आदेश था

मैंने दरवाज़े की तरफ़ देखा
जो भीतर से बन्द था
और उसे खोलकर मुझे बाहर निकलना था

बाहर निकलकर उसे फिर से बन्द करना था
सिस्टम वही था ताले को भीतर और बाहर से बन्द करने का
लेकिन इस बार दिखाई पड़ा कि वह बाहर से बन्द था
और इसका अर्थ था कि मैं यहाँ से जा सकती हूँ

मैंने रास्ते को देखा
वह बहुत दूर तक जाता था
लेकिन वह मुझे वहीं तक दिखाई पड़ा
जहाँ तक मुझे जाना था
उसके आगे वह अनजाना था

मैंने चेहरे देखे
कुछ जाने-पहचाने तो कुछ नये थे
और पता नहीं मैं किस सोच में पड़ गई थी
कि उनमें देखने वाली चीज़ ग़ायब थी

मुसीबत यही है
चीज़ों को देखने से ज़्यादा
मैं सोचती हूँ।

बतियाएँ

राह चलते
बतियाएँ
ठोकर खाएँ
नुकीले पत्थर पर
नज़र गड़ाएँ
और हँस कर रह जाएँ

पेड़ के नीचे
बतियाएँ
बारिश के इस मौसम पर
और पुरानी बातों की बारिश में
भीग जाएँ

सोते हुए साथ
बतियाएँ

झुक जाएँ इतना
एक-दूसरे पर
कि शब्दों को पसीना आए

बतियाएँ
कि बातें ही रहती हैं
जीवित।

पुरुष : दो छवियाँ

उन्हें देखा ख़यालों में
कई रंग थे उनके
सबसे प्यारा रंग साँवला था
कई तरह की पोशाक थीं उनकी
सबसे प्यारी पोशाक खुली बाँहों की
क़मीज़ थी
अधपकी दाढ़ी उनके चेहरे पर
ख़ूब फबती थी
सबसे अच्छी बात थी कि उनकी आँखों में
प्यार पाने की ज़बर्दस्त लालसा थी
कि अब या तब में मुझे बाँहों में भरकर
आकाश में आरोहण करने लगेंगे

उनके बिना
एक स्त्री होने के नाते मेरा कोई भी ख़याल

अधूरा था

देखा उन्हें हक़ीक़त में
सिंह शर्मा पांडे लगे थे उनके नाम के आगे
बड़ी-बड़ी मूँछें थीं
गले में सोने की मोटी चेन
भृकुटियों के बीच लाल टीका
और आँखें तो ऐसी थीं
कि अब या तब में
मुझे चीर कर रख देंगी

उन्हें देखना
एक स्त्री होने के नाते
अपादमस्तक मैला हो जाना था।

शुक्रगुज़ार हूँ मैं ऐसी ख़बरों की

ख़बर फैली
मैंने अमुक से पीछा छुड़ा लिया है
और ख़ाली हो गई हूँ
माँज कर रखी हुई थाली की तरह

ख़बर कितनी फैली
इसे पढ़ा जा सकता था
लोगों के मुस्कराने के अन्दाज़ में

बात ज़रा सी पुरानी पड़ने लगी
तो ख़बर दूसरी उड़ने लगी
जिसमें लम्बी सूची थी
मेरे नए चाहने वालों की

मेरी छह-सात घंटे की नींद में भी

कई आहें सुनाई पड़ने लगीं
हर आह में दूसरी आह के प्रति
शक और नफ़रत थी

शक और नफ़रत के बीच
मेरी मादकता
बढ़ रही थी

शुक्रगुज़ार हूँ मैं ऐसी ख़बरों की
सिंक में बासी पड़े बरतनों जैसी औरतों से अलग
जिसने मेरी पहचान दी थी।

दिल से

स्त्री तुम्हें देती है
प्रेम
जैसे फूल देते हैं
फल
जैसे टिमटिमाते तारे देते हैं
उम्मीद

स्त्री तुम्हें देती है
अपने अन्दर की पूरी की पूरी जगह
जहाँ ज़मीन और आसमान
मिलते दिखाई देते हैं

हालाँकि तुम चाहो तो जी सकते हो
स्त्री रहित ज़िन्दगी
कर सकते हो स्त्री रहित प्रेम

इस तरह
तुम सिर्फ़ खो सकते हो
सृष्टि का विश्वास

और स्त्री?

वह तुम पर बस रो सकती है
दिल से।

साफ़ दिल

नदियों में
साफ़ पानी नहीं बचा है
बावड़ियाँ सब सूख गई हैं

साफ़ पानी
अब बिसलरी बोतलों में है

साफ़ दिल
नहीं बचे हैं
सूखी बावड़ियों-सा अँधेरा है

प्रभु!
प्रेम की प्यासी इस स्त्री की सुनो
बिसलरी बोतल जैसा आदमी को बनाओ
भरा हो जिसमें साफ़ दिल।

भरोसा

मैं अँधेरे पर भरोसा करती हूँ
जो मुझे सहलाता है अज्ञात पंख से
और मैं काँपती पलकों में
सो जाती हूँ

मैं उजाले पर भरोसा करती हूँ
जो आँखें खोलते ही खिल उठता है
और मैं बहती चली जाती हूँ
उसकी तरफ़

मैं अपने इस घर पर भरोसा करती हूँ
जिसमें मैं रहती हूँ सालों से
और जो बस गया है
मेरे भीतर

मैं अपने शहर की गलियों पर भरोसा करती हूँ
जो आपस में जुड़कर इधर से उधर मुड़ जाती हैं
और जहाँ ख़त्म होती है कोई गली
मुझे वहाँ मेरी धड़कन सुनाई पड़ती है

ऐ आदमी!
मुस्कराते हुए जब तुम मुझमें खो जाते हो
मैं तुम पर भरोसा करती हूँ।

औरतों से अधिक औरत

अनजानी औरत खिड़की के सामने खड़ी है
धुँधला-सा उसका चेहरा दिखाई दे रहा है

सोचती हूँ क्यों खड़ी है खिड़की पर
औरत
क्या वह पूरे घर में रह गई है
अनखप
क्या मुसाफ़िरों की आँखों में है उसका
असली आवास

क्या यह सच है
खिड़की के सामने खड़ी औरत
औरतों से अधिक औरत
दिखती है?

यौवन बीत गया

यौवन बीत गया
जिस सीने से चिपकाए थी मैं
संस्कार और मर्यादा
दुपट्टे उसके पड़े पुराने

भीड़ से निकलकर कोई
चुभो देता था आँखें
मेरी आँखों में
भीड़ में अब वह
डूब गया

खेल जो मैंने खेले
लगते आज वे कितने अधूरे
डूबा दिन
रातें रहीं नहीं चाँदनी

बारिश बीती
चींटियाँ खोद रहीं
फिर से मिट्टी

मेरी मिट्टी
होती चींटियों जैसी
नहीं करती मैं ज़ख़्म जैसी
कोई याद।

इस्तिरी करती हुई स्त्री

निबटाकर बाक़ी गृह काज
स्त्री जल्दी-जल्दी करती है इस्तिरी
लेकिन नहीं भूलती
जिस शलवार पर फेर रही होती है इस्तिरी
उसके पाँव उसकी अपनी देह के हैं
करती है अनुभव इस्तिरी के ताप का
उसकी जाँघों, उरु और कटि तक की
पूरी मांसपेशी में होता है स्पन्दन
और जब उठाती है कुर्ती
तो लगता है थाम लिया है
अपनी आधी देह को
फिर फेरते हुए उस पर इस्तिरी
सोचने लगती है
उसकी देह दो मंज़िला कोठी है
चस्पाँ है जिस पर किसी एक पुरुष की नेम प्लेट

सीना उसका फड़क उठता है उस पुरुष की छवि को याद करते हुए

स्त्री करते हुए इस्तिरी
बचा लेती है अपने हाथ-पैरों के पंजे

सुकून मिलता है उसे
बचा हुआ है अभी
बहुत कुछ।

भला आदमी

वह मिलने चला आता है
और ख़ूब बातें करता है
बहुत-सी बातें उसकी बेकार की होती हैं
शायद उसे भय सताता है
वह बोलना बन्द कर दे
तो मैं मिलना बन्द कर दूँ

वह नहीं समझ पाता
उसे सुनते हुए मुझे लगता है
मैं कोई काम कर रही हूँ
और जब तक वह नहीं आता
मैं आँखें बन्द करके
उसके इन्तज़ार का काम कर रही होती हूँ

भले आदमियों को सुनने से
स्त्री का चल जाता है
जीवन का काम।

पाखंडी लोग

वे देखने में बहुत विनम्र होते हैं
दिखते हैं कि बहुत अच्छा काम करते हैं
जिसका मूल्य उन्हें कभी नहीं मिलता
तत्पर रहते हैं वे सहर्ष
सहायता के लिए
और ऐसा नहीं है कि वे सहायता नहीं करते
लेकिन नीयत से वे साफ़ नहीं होते
हमेशा लगे रहते हैं
उनकी विनम्र सहायता के बदले
स्त्री अपना शरीर उन्हें सौंप दे

वे भूल करते हैं समझने में
स्त्री उनके दाँत और आँखों से
उन्हें पहचान जाती है
लेकिन मजबूरी या विनम्रतावश

भरोसा करने का स्वाँग करती है
मालूम नहीं उन्हें
मामूली से मामूली स्त्री
उनसे अधिक चतुर प्राणी है।

स्टाफ़ रूम में औरतें

कोई चुप बैठी होती है
कोई बोले जा रही होती है
कोई किताब पकड़े होती है
कोई बैठी होती है टिफ़िन खोले

स्टाफ़ रूम में
मुझे मज़ा आता है
रेलवे प्लेटफ़ॉर्म पर बैठने जैसा

अगर स्टाफ़ रूम तक पहुँचती कोई रेलगाड़ी
सभी औरतें दौड़ कर बैठ जातीं उसमें

पसर जाता पूरे भवन में सन्नाटा
क़ब्रिस्तान जैसा

वैसे भी
जबरन जैसे बैठाया जाता है यहाँ
कहा जा सकता है
इसे ज़िन्दों का क़ब्रिस्तान।

तब के बारूद से

तब कहने के लिए था
लेकिन कह नहीं पाती थी
ऐसा नहीं था कि शब्द नहीं थे
शब्दों को जोड़ नहीं पाती थी
अड़े हुए शब्दों को हटाना भी मुश्किल था
आईने के सामने करती थी कोशिश
लेकिन आईने की मुश्किल थी
मेरे अलावा उसमें दूसरा नहीं था

अब कहने के लिए कम बचा है
उसी को कहती रहती हूँ
शब्द जुड़ जाते हैं
अलग करना पड़ता है उन्हें जबरन
और सबसे बड़ी मुश्किल है
कोई न कोई आईना बनकर

मेरे सामने अड़ा रहता है

तब के बारूद से
अब को उड़ा देना चाहती हूँ।

मी-टू

तुम्हारी आँखें
एक्सरे मशीन हैं
अन्तर्वस्त्र तक जो प्रवेश करती हैं
आती है नथुने से पिपासु गंध
स्त्री को देखकर हे भगवान!
तुम्हारे मुँह से टपकती कैसी लार
लगाकर घात जैसे कोई बाज
लेते हो तुम दबोच

चुप बैठ सकती थी मेरी देह
लेकिन आत्मा को कहाँ ले जाए कोई
हे देह के राजनीतिकार!

एक सपना

एक सपना देखा

फैला था पानी
तट पर पंक्तिबद्ध नावें
कुहरे से घिरी हुईं
रोशनी का एक चकत्ता
जिन पर ठहरा था

चल रही थी हवा साँय-साँय
हिल रहा था पानी
हिल रही थीं नावें

ठंडा पड़ रहा था
मेरा हृदय
मैं बोलना चाह रही थी

लगाकर पूरी ताक़त
आओ
मेरे प्रिय प्रभात।

विकास

मेरे घर के अहाते में पेड़ थे
जो कुर्सी मेज़ और पलंग बनने से
अभी बचे हुए थे
मैं यहाँ बैठ सकती थी
पाँव पर पाँव चढ़ाकर
देर रात तक सुन सकती थी
चिड़ियों की चह-चह
गमले के पौधे के पत्ते पर
रेंग रही इल्ली को देखकर
घर और अहाते की हिफ़ाज़त के बारे में
सोच सकती थी
लेकिन सुना है ख़ाली करवाई जाएगी
मेरी कॉलनी
काटे जाएँगे सब पेड़
गिराकर मकानों को

सौंप दी जाएगी सारी ज़मीन धनाढ्यों को
विकास के काम के लिए

नौवीं मंज़िल पर बैठकर
दीवार पर टँगा चित्र देखूँगी
जिसमें पेड़ होगा।

स्त्री हूँ

इन्तज़ार से
थकी नहीं
अपमान से
धबराई नहीं
विश्वास कभी
खोई नहीं

भाग्य पर
भरोसा किया
दुर्भाग्य से
मुक़ाबला किया
कुछ और नहीं
प्यार किया

स्त्री हूँ।

चिड़ियों के शिकारी

चेहरे से लगता है
जीना जैसे वे अभी सीख रहे हैं
बहुत संयत
बहुत शालीन
वे

बहुत जीवन्त
बहुत सुन्दर

नहीं करते अपने दुखों का ज़िक्र
नहीं लगता कि कभी सोचा हो
मृत्यु के बारे में

घमंड उन्हें छूता नहीं
पड़ते हैं दिखाई अपने में व्यस्त

लेकिन होते हैं असल में
ख़तरनाक पुरुष

स्त्री उन्हें पहचानती है
फूलों को रौंदने की करते रहते हैं साज़िश
चिड़ियों के हैं शिकारी।

क़र्ज़

आकाश को
जगह देती हूँ
आँखों में

एक दूसरा आकाश
मेरे मस्तिष्क में
खिल उठता है

घास तिनके और फूल को
जगह देती हूँ
अपने चारों ओर

मेरा हृदय बन जाता है
शहद का कोश
डबडब भरा हुआ

पृथ्वी ने मुझे जगह दी है
जिसका मैं उतार रही हूँ
क़र्ज़!

चिन्ता क्या है

जाड़े की सुबह
चलते हुए तुम्हारे साथ झील के किनारे
सुनाई पड़ रही है चिड़ियों की चहचह
बोट-क्लब पर खड़े होकर देखते हैं हम
बगुलों को
किनारे बैठने और पानी के ऊपर उड़ने के अलावा
जिनका दूसरा नहीं काम

चिन्ता क्या है
तुम हो साथ झील किनारे
और मनोरम दृश्य है यह
आँखों के सामने।

हृदय के प्रति

हृदय के प्रति
हृदय से हैं आभारी
मेरी स्वच्छन्दता की करता है
यह तरफ़दारी
और ख़ुद रहता है
दुख में डूबा

दुनिया बहुत बड़ी है
लेकिन उससे है अधिक विचित्र
सुख के क्षणों में
आ टपकता है
कोई न कोई न भेड़िया

तुम्हारे दुख को हृदय
मैं समझ सकती हूँ

तुम मुझमें धँसे हो
और मैं आने नहीं देती तुम्हें बाहर
कविता लिखने के क्षणों को
छोड़कर।

किसके लिए

रात है
सड़क एकदम है सुनसान
मैं जाग रही हूँ
किसके लिए

अँधेरा
हवा में घुलकर
खिड़की की जाली से टकरा रहा है
ख़ुद भी मेरा सिर किसी चीज़ से
टकराने के लिए है बेक़रार

अपना बिस्तर भी
लग रहा है मुझे पराया
आख़िर मर जाना है
मुझे एक दिन अकेला

मैं जाग रही हूँ
किसके लिए!

प्यार में

(1)

प्यार में
नदी बन जाती हूँ
समेटती हूँ बाढ़ का पानी
और समुद्र के हवाले कर देती हूँ

प्यार में
सूख जाती हूँ एक दिन
गुदगुदाती रहती हूँ रेत के नीचे
बरसात आने तक।

(2)

प्यार में

फूल बन जाती हूँ
महक बिखेरती
भँवरों को देती हूँ मकरन्द का आनन्द

प्यार में
एक दिन सूखकर झड़ जाती हूँ
समाकर पृथ्वी के मौन में
अदृश्य खिलती रहती हूँ।

(3)

प्यार में
चिड़िया बन जाती हूँ
और सुनसान जंगल में
चहचहाती हूँ

प्यार में
हो जाती हूँ एक दिन
बहेलिए के निशाने पर शिकार
खोजते हो तब तुम दिलों में
मेरा निशान।

हसरत

टिमटिमाते तारो
तुमसे अरबों मील दूर
मैं भी टिमटिमा रही हूँ
इस हसरत के साथ
आकाश की बाँहों में पड़ी रहूँ
समुद्र की लहरों पर
सिर रखकर।

स्वाद

पराँठे के साथ
अचार और आलू-गोभी का स्वाद
रायता और पापड़ का स्वाद
खाना खाने के बाद
गाजर के हलुवे का स्वाद

सब स्वादों को याद करके
मुँह में भर जाता है
स्वाद

पैदा किए हैं जननी पृथ्वी ने
न जाने कितने स्वादिष्ट अन्न और शाक-पात

थाली में पहुँचकर बन जाते हैं जो
स्त्री के हाथों का स्वाद।

आज़ादी : क्यों

आज़ादी
क्यों नहीं लगती तुम्हें भूख-प्यास
औरों का दुख तुम्हें क्यों सताता है
तुम क्यों पूरब को पूरब कहना चाहती हो

आज़ादी
तुम्हें स्त्रियों से क्यों है इतना प्यार
क्यों तुम उन्हें हाड़-मांस से ऊपर देखना चाहती हो
क्यों उनकी आत्मा में प्रवेश पाती हो

आज़ादी से जुड़े हर क्यों का उत्तर
मैं प्रसव-वेदना में ढूँढ़ती हूँ।

हा हा हा

जीने का कारण होता है
जो औरतों का आदमियों से थोड़ा अलग होता है
नि:संशय तो न औरत जीती है और न आदमी
लेकिन एक-दूसरे के प्रति संशय
जीने नहीं मरने का कारण होता है

दीवारों से घिरे रहना एक प्रकार का कारण है
दीवारों को तोड़ना दूसरे प्रकार का
लेकिन दीवारों के बिना जो जगह होती है
उसकी खोज करना मुश्किल होता है
कम से कम किसी औरत के लिए

दे देना सर्वस्व पछतावे का कारण बन सकता है
छीन लेना किसी से, जीवन की शान्ति को भंग कर देता है

औरत यह दोनों काम करती है
हा हा हा!

मुझे आख़िर क्यों नहीं मिली

लौटते हैं पक्षी
जब शाम को लौटता है सूरज

आदमी लौट जाता है काम से थककर
चींटियाँ भी रेखा बनाती हुई
समा जाती हैं छोटे छिद्र में

मेघ लौट जाते हैं कुछ दिन बरस कर
पानी इधर-उधर चक्कर काटकर
आख़िर लौट जाता है तालाब या समुद्र में

जो नहीं लौटे
खो गए कहीं जन-प्रवाह में
उनके भी लौटने का इन्तज़ार किया जाता है

लौटने में जो सुख है
और लौटने में जो सम्पूर्णता है
मुझे आख़िर क्यों नहीं मिली?

सबक स्त्री के लिए

स्त्री जीना चाहती है
इसके लिए उसे रसोई में घुसना होता है

स्त्री जीना चाहती है
इसके लिए उसे बिस्तर पर होना होता है

स्त्री जीना चाहती है
इसके लिए उसके पास कोख चाहिए

स्त्री जीना चाहती है
तो उसे कोख गिराने के लिए तैयार रहना चाहिए

और चाहती ही है स्त्री हर हाल में जीना
तो चाहिए उसे बहुत-सी ख़बरों से बेख़बर रहना

मसलन जो स्त्रियाँ ज़िन्दा नहीं रह पाईं
स्त्री की उनकी तरफ़ पीठ होना चाहिए

फिर तो कोई ताक़त ही नहीं बची बहिनजी,
जो स्त्री को मार सके!

स्त्री मरती है तो

जब जानवर मरते हैं
चीलें मँडराती हैं
जब पेड़ मरते हैं
टूट पड़ते हैं दुनिया भर के कीट-पतंग
जब पानी मरता है
लोगों में बेचैनी बढ़ने लगती है
स्त्री मरती है तो
मर जाता है जीवन का संगीत।